Gerhard Vilmar

Notfallkoffer für die Seele

Soforthilfe in Belastungssituationen

Herstellung: BoD - Books on Demand GmbH, Norderstedt
ISBN: 9 783734 776120

April 2015

Bibliografische Information der Deutschen Bibliothek: Die Deutsche Bibliothek verzeichnet diese Publikation in der Deutschen Nationalbibliografie; detaillierte bibliografische Daten sind im Internet unter http:/dnb.ddb.de abrufbar.

Das Werk und seine Teile sind urheberrechtlich geschützt. Jede Nutzung in anderen als den gesetzlich zugelassenen Fällen bedarf der vorherigen schriftlichen Einwilligung des Autors. Weder das Werk noch seine Teile dürfen ohne Einwilligung eingescannt und in ein Netzwerk eingestellt werden. Das gilt auch für Intranets von Schulen und sonstigen Bildungseinrichtungen.

Inhalt

5	Vorwort
7	Kontur und wahres Selbst
10	Haltung statt Verhalten
13	Scheiternsfixierte zyklische Muster
15	Stress und Entspannung
21	Ängste, Traurigkeit und Wut
24	Sorgen, Grübeln, Zwänge
30	Probleme und Entscheidungen
35	Gelingende Beziehungen gestalten
37	Persönlichen Vorsätze
38	Nachwort
40	Literatur
42	Hilfen im Notfallkoffer
43	Hinweise und Autor

> An guten Tagen geht es mir gut und an
> schlechten Tagen geht es mir auch gut.
> Buddhistische Weisheit

Vorwort

Unsere Lebenserwartung ist zu je einem Drittel von den Genen, der Lebensweise und den mentalen Einstellungen abhängig. Wir haben also einen erstaunlich großen Einfluss auf die Lebenslänge und ihre Qualität. Dabei ist besonders wichtig, dass wir im Zentrum der Initiative stehen. Lebenskünstler unterscheiden sich von anderen Menschen nur durch eine einzige Variable: sie sind initiativ - Gedachtes wird schnell in Handlung umgesetzt. Denn wir bedauern zu etwa 75 % das, was wir nicht getan haben, aber nur zu 25 % das, was wir getan haben.

Jeder von uns möchte sich eine möglichst gute Geschichte über sich selbst erzählen können. In dieser Geschichte wollen wir uns als aktive Gestalter unseres Lebens wiederfinden. Wir möchten Steuermann unseres Lebens sein und das Gefühl haben, dass wir etwas bewirken können - bis ins hohe Alter hinein. Selbstwirksamkeitserleben wird dies genannt - schöner ausgedrückt: **Kompetenzvergnügen**. Wir suchen lebenslang ein Gefühl, dass unser Handeln einen Sinn hat, möchten uns anderen mitteilen und gesehen werden. Wir suchen Resonanz, Feedback und inneres Wachstum.

Es geht um eine aktive Anpassungsleistung an die aktuellen Anforderungen und einen Zuwachs an Kompetenz. Wer am Ufer steht und den für ihn aktuell unbefriedigenden Fluss des Lebens bedauert, kann nicht gleichzeitig am Fluss des Lebens teilhaben. In unermüdlicher Achtsamkeit und möglichst hoher Flexibilität wollen die Stromschnellen und Wirbel des Lebensflusses gemeistert werden. Im Fluss zu bleiben bedeu-

tet also, entwicklungshemmende Faktoren zu begrenzen und neue kreative Kräfte zu begünstigen.
Lebensqualität ist also eine Frage des Verhaltens und – ganz entscheidend - der inneren Haltung.

. Was bestimmt unser Denken?
. Welche Aspekte stellen wir in den Vordergrund unserer Überlegungen?
. Welche Sicht haben wir auf uns und unser Leben?
. Wie gehen wir mit Krisen um?
. Haben wir eine sinnvolle Lösung gefunden, oder stellt diese Lösung nicht eher eine Variante des Problems dar?
. Was kann bei Belastungen helfen?
. Woran können wir Erfolge unserer Bemühungen ablesen?
. Was läuft gut – und warum?

Dieses Büchlein möchte hilfreiche Anregungen für einen wirksamen Umgang mit unterschiedlichen Belastungssituationen geben und eröffnet zu jeder Thematik verschiedene Lösungsvorschläge. Es möchte dazu ermuntern, sich den Herausforderung zu stellen, neue Fähigkeiten zu entwickeln, das Leben als eine experimentelle Forschungsaufgabe zu betrachten und mit den beschriebenen Hilfen neue Möglichkeitsräume zu gestalten.

Viel Freude beim Lesen.

Ein gutes Leben wünscht Ihnen
Ihr Gerhard Vilmar

Wir sind Gefangene des Bildes, das
wir in anderen hervorrufen wollen.
Dalai Lama

Genaugenommen leben sehr wenige
Menschen in der Gegenwart; die meisten
bereiten sich vor, demnächst zu leben.
Jonathan Swift

Am Grab der meisten Menschen trauert,
tief verschleiert, ihr ungelebtes Leben.
Georg Jellinek

Kontur und wahres Selbst

Die innere Haltung bestimmt unsere Sicht auf die Welt und damit unsere Erfahrungen. Nicht das Erlebte ist entscheidend, sondern welchen Stellenwert wir dem geben –
die Reaktion ist das Problem!

Sehen wir uns als Opfer der Aktivitäten anderer oder sind wir Lebensunternehmer mit dem Blick auf die eigenen Stärken und Ressourcen? Dümpeln wir im Scheitern, haben den Kopf voll mit Sorgen (Problemtrance), oder sind wir in einer Lösungstrance mit dem beschäftigt, was sinnvoll und hilfreich für ein Weiterkommen sein kann? Stellen wir uns gut auf die Welt ein oder bedauern wir, dass die Welt nicht so ist, wie wir sie gerne hätten?

Leben wir im Sinne der von Basch beschriebenen
Entwicklungsspirale?
Entscheidung > Verhalten > Kompetenz > Selbstachtung > Entscheidung > Verhalten > ...

„Probleme sind meist das Ergebnis von Entscheidungen, die bei dem Versuch gemacht werden, mit einer Situation zurechtzukommen, für die die verfügbaren Bewältigungsstrategien nicht ausreichen", so Basch (1992).

Es geht also um die Entwicklung von Fähigkeiten, die erforderlich sind, um die anstehende Lebensaufgabe zu meistern, um eine Entscheidung für inneren und äußeren Fortschritt. Dafür braucht es eine Änderung im Sinne eines förderlichen Verhaltens. Dem folgt die Kompetenzsteigerung, damit die Wahlfreiheit erhöht und adaptive sowie kreative Entwicklungsprozesse möglich werden. Denn wer sich neue Fähigkeiten aneignet, erfährt eine zunehmende Selbstachtung, erlebt sich erstarkt und unabhängiger.

Vielleicht können die folgenden Fragen Sie weiterbringen:

. Wie alt fühlen Sie sich?
. Wen sehen Sie, wenn Sie in den Spiegel schauen?
. Welche Vorbilder für ein gelungenes Leben haben Sie?
. Beschäftigen Sie sich mit gelungenen oder gescheiterten Lebensläufen?
. Sind Sie evtl. bis zur Unkenntlichkeit verheiratet?
. Führen Sie ein lauwarmes Leben?
. Was tun Sie Ihrem Hirn Gutes? Geben Sie ihm gute „Nah rung" oder füttern Sie es mit Junkfood?

. Befinden Sie sich im Hamsterrad einer Zerstreuungs- und Betäubungsgesellschaft mit Leistungsstress, Selbstausbeutung, Jugend- und Schönheitskult, Berühmtheitswahn und exhibitionistischer Selbstdarstellung, mit Konkurrenzdruck, Profitsucht, Reizüberflutung und Mobilitätszwang?
. Unterwerfen Sie sich dem Glücksbefehl, dem permanenten Druck positiv zu denken, optimistisch und fröhlich zu sein?

. Haben Sie exklusive Zeit für sich selbst?
. Wie steht es um Selbstliebe und Selbstfürsorge?
. Wie stehen Sie auf der Bühne des Lebens?
. Makellos und unbeweglich?
. Muten Sie sich anderen mit Ihren Ecken und Kanten zu?
. Sind Sie ein lebendiges und konturiertes Gegenüber? Oder gehen Sie auf Zehenspitzen durchs Leben?
. Schonhaltung oder aufrechter Gang?

Wir haben alle nicht im Drachenblut gebadet, sind unvollkommen und anfällig, müssen uns den eigenen Unzulänglichkeiten, Unebenheiten, Rissen und der eigenen Verletzlichkeit stellen. Akzeptanz ist eine Arbeit, die täglich geleistet werden muss. Ganz besonders im Alter, wenn die Fähigkeiten nachlassen, aber der Anspruch meist gleich bleibt. Wer die eigenen Emotionen, Erinnerungen und Gedanken loswerden möchte, findet keine Ruhe. Auch dann nicht, wenn versucht wird, andere als Endlager für die eigenen Verzerrungen und Probleme zu missbrauchen.

. Stehen Sie im Zentrum der Initiative?
. Sind sie am Ruder oder rudern Sie nur und andere bestim men den Kurs?
. Was erleben andere an Ihnen als typisch?
. Wahres Selbst oder falsches Selbst – was zeigen Sie?
. Sind Sie authentisch?
. Was ist der Beweis, dass Sie gelebt haben?

„Das Selbst ist jene Instanz ..., die dem Individuum kompassartig eine bleibende Richtung gibt" so Heinz Kohut.

. Haben Sie Ihre Richtung gefunden?
. Lassen Sie sich vom Seitenwind der anderen von Ihrem Kurs abbringen?

Wer noch ein wenig im Vergeblichen, den gescheiterten Vorsätzen und dem Hang zur Selbstsabotage verharren möchte, dem sei die Gewinnerin des Bielefelder Poetry-Slam 2013 empfohlen: Julia Engelmann spricht mit ihrem Gedicht zum Liedtext „One day we'll be old, and think of all the stories that we could have told" uns allen aus der Seele.

Erst wagen, dann wägen.
J. L. Moreno

Die Hummel: sie hat 0,7 cm² Flügelfläche bei 1,2 g Gewicht. Nach den bekannten Gesetzen der Aerodynamik ist es unmöglich, bei diesem Verhältnis zu fliegen. Die Hummel weiß das nicht und fliegt einfach.
Christian Niederberger

Haltung statt Verhalten

Sicherlich gibt es in Ihrer inneren Argumentation viele verstehbare Begründungen, warum Sie meinen, dass Sie dies oder jenes nicht tun/wagen können. Zumal Sie bestimmt mit Willen und Konsequenz schon vieles geschafft haben. Aber leider sind Verhaltensänderungen meist nur zeitlich begrenzt erfolgreich, denn es fehlt die Basis: eine Veränderung der inneren Haltung. Entscheidend für Ihr Weiterkommen sind deshalb auch nicht unbedingt die psychodynamischen Fragestellungen oder Überlegungen sondern eine Veränderung Ihrer inneren Programme. Erst daraus kann eine dauerhaft veränderte Handlungsweise resultieren.

Wer das eigene Leben als ein Experiment betrachtet, wer über die Beobachterposition eines Forschers einen inneren Abstand zu sich selbst einnimmt, wird auch mit Unvorhergesehenem und mit Schwierigkeiten besser umgehen können. Wer lösungsorientiert statt defizitorientiert denkt und handelt, wird seine Sorgen begrenzen und den Strudel negativer Gedanken vermeiden können - eine wichtige Voraussetzung auch dafür, anderen bei negativen Handlungen eine gute Absicht zu unterstellen.

Mit dieser inneren Einstellung wird auch keine Abfolge misslicher Erfahrungen erlebt, sondern singuläre Ereignisse.

Denn Gleichzeitigkeit ist nicht Ursächlichkeit! Auf jede einzelne Situation kann nun adäquat reagiert werden – mit einem sich stetig steigernden Repertoire an Möglichkeiten und Fähigkeiten und dem ethischen Imperativ im Sinne Heinz von Foersters (2003): „Handle stets so, dass die Zahl der Wahlmöglichkeiten größer wird".

Der Abschied vom Unglück fällt nicht leicht. Denn im Schwierigen und Misslungenen kennen sich viele meist besser aus und scheuen darum die unbekannten Weiten anderer Einstellungen und Erfahrungen. Wer zu viel nachdenkt gerät in die Gefahr der Selbstsabotage, in einen defizitorientierten Abwärtsstrudel, der ein lösungsorientiertes und zielorientiertes Handeln verhindert.

Hierzu wieder ein paar Fragen:

. Welche Ziele hatten Sie im Alter von 16 Jahren?
. Wird man über nicht gelebte eigene Fähigkeiten möglicherweise an sich selbst schuldig?
. Welche Bedeutung hat eine heute getroffene Entscheidung in einigen Monaten oder in 2, 5, 10, 20 Jahren?
. Werden wir uns dann noch an die jetzigen Belastungen erinnern und immer noch mit dem Heutigen hadern?
. Kennen wir nicht alle die Erfahrung, dass ein Entschluss um Zeitpunkt der Entscheidung richtig war, uns dann einige Jahre später wieder zweifelhaft erscheint, noch später wieder als sinnvoll oder gänzlich unverständlich - usw.?

Der Alltag ist die Übung!
Es ist immer heute!

Der ewige Anfänger geht ohne Erinnerung und ohne Wunsch mit unverstelltem Blick in jeden neuen Tag, neugierig und unvoreingenommen. Er stellt keine Mutmaßungen an sondern stellt Fragen. Im Sinne Isaac Asimovs:
„Der aufregendste Satz der Wissenschaft ist nicht ‚Heureka, ich hab's!' sondern ‚Das ist ja komisch!'".

Der ewige Anfänger vergleicht sich nicht – höchstens nach unten. Er ist nicht neidisch, denn „der Neid und die Eifersucht gehen aus der grundlegenden Unfähigkeit hervor, sich am Glück oder dem Erfolg anderer zu erfreuen" (M. Ricard).

Der ewige Anfänger hat keine Strategien, denn Strategien dienen nur der Angstvermeidung. Er erkennt die Angst in sich, aber er wird nicht zur Angst. Er klagt nicht, sondern er nimmt an, was nicht zu ändern ist. Er verbündet sich mutig mit dem Unvermeidlichen, bleibt geschmeidig wie Wasser.

Um die eigene innere Motivation für eine veränderte Haltung nachhaltig zu fördern, werden also nicht konkrete Verhaltensziele sondern Haltungsziele formuliert. Und die innere Haltung hat durchaus etwas mit der Körperhaltung zu tun, denn die Handlungsabsicht mit den dazugehörigen Gefühlslagen und Denkstilen und dem passenden Körperausdruck gehören zum gleichen neuronalen Netzwerk. Das kann neu erstellt werden, womit sich das persönliche Handlungsrepertoire authentisch erweitert.

Diese Veränderung kann im Sinne des Embodiment so geschehen, wie es in den **Makro- und Mikromovements** des Zürcher Ressourcenmodells (Storch, 2010) erfolgt: in der Makroversion werden bestimmte Bewegungs- und Haltungsformen ausprobiert, die an Tai Chi-Übungen erinnern können. Daraus werden dann Mikromovements abgeleitet, in denen dann die Zielvorstellungen über die gewünschte Stimmungslage und die damit verbundenen Haltungsziele symbolisch verdichtet werden.

Neue Einstellungen wollen verkörpert werden!

> Man kann ein Problem nicht durch das Denken lösen, wodurch es entstanden ist.
> Albert Einstein

> Wenn ich nicht Teil der Lösung bin, bin ich Teil des Problems.
> Michail Gorbatschow

Scheiternsfixierte zyklische Muster

Das Atmosphärische in unseren Herkunftsfamilien bestimmt unseren Blick auf uns selbst und die Welt. Wer in einer Situation von Angst, Unterdrückung, Trauer oder Sorge aufgewachsen ist, wird dies auch später wieder unbewusst aufsuchen. Unsere unbewussten Erwartungen setzen unserer Wahrnehmung einen Filter auf. In das, was wir heute machen, schiebt sich stets etwas von früher rein, der Schatten einer damals erzeugten „Wirklichkeit", ein Familiencredo.

. Welcher Spruch könnte auf dem Wappen Ihrer Herkunftsfamilie stehen?
. Welche erfahrungsresistenten Negativismen beherrschen Sie?
. Welche früh erworbenen und im Laufe des Lebens immer wieder „bestätigten" Programme und Szenarien halten sich?

Der Blick auf die Gegenwart ist meist ein Irrtum in der Zeit. Denn die Gegenwart wird durch die Brille der Vergangenheit betrachtet - die sogenannte Wahrnehmungsidentität. Wir bleiben uns in der Sicht auf uns selbst und die Welt treu. Zumal häufig unbewusste Selbstsabotagemuster in selbstakzeptierende Überzeugungen transformiert werden. Aber sogar Selbstmitleid ist heilbar.

Für unsere Erinnerungen, Emotionen, Kognitionen und Körperempfindungen sind Muster in der Kindheit entstanden, die seinerzeit eine existenziell wichtige Bedeutung hatten. Für das heutige Leben sind sie manchmal eher dysfunktional, auch wenn sie sich vertraut anfühlen und daher von uns als richtig erlebt werden. In einer (meist unbewussten) Anähnelung an dieses Dort und Damals wird im Hier und Jetzt ein Wiederholungszwang erfüllt. Denn wir bevorzugen das, womit wir uns auskennen. Die Erinnerung formt die Erwartungen an die Zukunft.

Wenn Sie Ihr **Lebensthema erforschen** wollen, gibt es einen einfachen Weg. Schreiben Sie nacheinander z.B. folgendes auf: die Märchen und Geschichten Ihrer Kindheit, das Sie am häufigsten hören wollten; die Filme, die Sie am intensivsten bewegt haben oder die Sie gerne immer wieder anschauen möchten; die Bücher, die Sie nachhaltig beeindruckt haben; die aktuellen Themen, die Sie am meisten interessieren; die Menschen, die sie am stärksten berühren; Liedtexte oder Gedichte, die Ihnen besonders im Gedächtnis geblieben sind; das, womit man Sie am besten ärgern kann ...

Und dann finden Sie für jeden einzelnen dieser Punkte eine Überschrift: Worum geht es? Sie werden schnell merken, wie in diesen Themen Ihre ganz persönliche Sicht auf Ihr Leben gebündelt ist. Das ist Ihr Lebensmuster, das Ihre Aufmerksamkeit auf sich zieht und Sie immer wieder in der gleichen Gebetsmühle Ihre Runden drehen lässt.

Doch in diesem Wiederholungszwang liegt auch die Chance für den Neubeginn. Wird eine Beziehung den alten Erfahrungen ähnlich gestaltet, so ist damit der Wunsch verbunden, dass ein neuer Ausgang herbeigeführt werden kann. Zentrifugale Kräfte werden in der Begegnung mit anderen erhofft, damit die scheiternsfixierten zyklischen Muster (Luborsky, 1988) verlassen werden können.

Das deutlichste Zeichen der „Neurose" ist die Partnerwahl! Denn unbewusst suchen wir eine Person aus, die sich mit der gleichen Thematik auskennt. Darin liegt die Chance für ein beiderseitiges Weiterkommen. Zwei Experten sind hilfreich für das Erarbeiten einer sinnvollen Lösung!

Die häufigsten Gründe für den Kreislauf des Scheiterns sind schwächende Denkmuster und defizitorientierte innere Glaubenssätze. Michael Bohne (2012) definiert als maßgebliche „Big Five":

- Vorwürfe an sich selbst,
- Vorwürfe an andere / Verharren in der Opferrolle
- Verharren in der Erwartungshaltung an andere,
- Inneres Schrumpfen (klein, hilflos, abhängig …)
- Dysfunktionale Loyalitäten anderen gegenüber, die (auch) nicht gesund, glücklich, erfolgreich sein können (darf ich mir erlauben gesund und glücklich zu sein, so lange doch …?)

Einer Loslösung aus diesem unglücklichen Kreislauf des Scheiterns kann man näher kommen mit

- Aktivitätssteigerung
- Kompetenzsteigerung (soziale Kompetenz und Kontakte, Verhaltensänderung, Fertigkeiten …)
- Kognitionsänderung:
  Keine Generalisierungen (immer, nie …)
  Keine ausschließliche Betonung negativer Aspekte
  Kein Denken in Extremen (keine Zwischentöne)
  Keine Tyrannei des Müssens
- Das Kopfkino stoppen und die absolutistischen Gedanken unterbrechen
- Über Affirmationen positive Zielvisionen ansteuern

Im Alltag ist es nicht immer einfach, diesen neuen Weg zu verfolgen. Es braucht **beständige Anstöße**. Es helfen z.B. kleine unterschiedliche Zettelchen, die immer wieder an anderen Orten hinterlegt werden. Sie erinnern mit ein paar Stichwörtern an die neuen Vorsätze. Bleiben sie am gleichen Ort, oder sind sie in Schrift, Farbe, Bild gleich, so werden sie schnell übersehen. Darum sollten sie in immer wieder anderen Zusammenhängen „überraschend" gefunden werden. Kritische Freunde können nachfragen, ob die neue Ausrichtung noch angesteuert wird, können helfen und emotional unterstützen, Ihr Tun kommentieren und motivieren. Auch Smartphone-Apps können hilfreich sein, einen immer wieder an die Vorsätze zu erinnern; denn im Alltagstrubel gehen auch die besten Vorsätze erstaunlich schnell verloren.

Schaffen Sie einen neuen Rahmen und klären Sie, was in den Rahmen gehört und was nicht. Limitieren sie die Sorgen indem Sie sich von der Problemtrance zur Lösungstrance vorarbeiten: füllen Sie Ihre Gedanken mit dem aus, was hilfreich und sinnvoll ist, welche inneren und äußeren Ressourcen Sie noch nutzen können, von welchen Vorbildern Sie lernen wollen, wer sie auf dem neuen Weg ermutigen und kritisch begleiten kann. Es hilft auch, Wissen zu erweitern, um konkreter neue Perspektiven entwickeln zu können.

Gehen Sie an die inneren Orte, die Sie fürchten. Sicherheitsbedürfnis und die Angst vor dem Unbekannten behindern Neugier und Aufbruch. Doch „der Reisende, der vorher alles weiß, sieht auf Reisen nichts mehr" (Willibald Alexis).

Wenn Sie als erfolgreicher Lebensunternehmer sich selbst forschend verstehen und fördern wollen, dann schauen Sie auf Ihre Vorlieben, Ihre Voraussetzungen und Stärken.

. Welches sind Ihre Kernkompetenzen?
. Was gelingt Ihnen am besten?
. Auf welche Leistungen dürfen Sie stolz sein?
. Auf wen können Sie sich verlassen?
. Welche Lebensstrategien haben sich bisher bewährt?
. Welche Eigenschaften schätzen andere an Ihnen besonders?
. Was ist das Gute, an das Sie sich halten können (Personen, Glaube, Literatur,...)?
. Auf welche positiven Erfahrungen können Sie zurückblicken?

> Eine halbe Stunde Meditation pro Tag ist absolut notwendig, außer wenn man beschäftigt ist. Dann braucht man eine ganze Stunde.
> Franz von Sales

> Alles Geringere als eine kontemplative Sicht des Lebens ist ein beinah sicheres Programm zum Unglücklich sein.
> Thomas Keating

Stress und Entspannung

In der neidgesteuerten Beschleunigungsgesellschaft zählen Erreichbarkeit, Präsenz in den sozialen Netzwerken und ständige Selbstoptimierung. Wer sich dem entziehen will hat nur eine Wahl: **Kunst der Ignoranz**. Wer überall dabei sein will, mitmischen will, alles wissen, verstehen und beherrschen möchte, der verliert sich selbst.

Bewusste **Entschleunigung** ist angesagt, Nichtwissen, Zeit für sich selbst. Lebensqualität wird durch Brachliegen erreicht (Vilmar, 2008), durch Ruhe und Besinnung auf sich selbst. In Zeiten des Burnouts ist die Frage nach dem tragenden Lebenssinn wichtig, denn im Burnout wirkt der Stress antreibend – im Gegensatz zur Depression. Die Überwindung von Unlust und innerem Widerstand gegen Tätigkeiten ist die Kernursache von Erschöpfung bei Erwachsenen (Burisch, 2006). Und besonders zu beachten: Burnout entsteht auch durch die Aufmerksamkeit auf zu viele Menschen, z.B. über die sozialen Netzwerke. Wir sind immer noch Neandertaler - mehr als 50 Menschen überfordern unseren Durchblick und unsere soziale Interaktionsfähigkeit.

Ruhe des Geistes kommt in der Ruhe des Körpers. Denn der Körper ist an allen psychischen Reaktionen beteiligt, an Gedanken, Erinnerungen, Gefühlen – ein habitueller Niederschlag der Lebenserfahrung. Darum lässt sich die Verwirklichung von Zielvorstellungen am besten über die Einbeziehung des Körpers erreichen.

Nachfolgend finden Sie Empfehlungen für Übungen, die mit der Theorie des Embodiment einhergehen: über das Einnehmen einer bestimmten Körperhaltung kann die Psyche beeinflusst werden, kommt es zu einem anderen Selbsterleben - denn das Selbst ist primär ein Körperselbst!

Darum ist für ein gutes Lebensgefühl die Beachtung des Körpers von besonderer Wichtigkeit. Aikido, Tai Chi, Qi Gong und Yoga sind sehr hilfreich für ein gutes Körpergefühl und die innere Achtsamkeit. Die Idee des Embodiment findet sich auch im Lachyoga und im „Fingeryoga", den Mudras.

Mudras sind symbolische Handgesten, wie sie auch im indischen Tanz vorkommen, die eine positive Wirkung auf den Organismus haben. Sie beeinflussen Körper und Stimmung und es lassen sich Ziele mit Hilfe bestimmter Haltungen der Finger ansteuern.

Auf das Autogene Training und die Progressive Muskelentspannung nach Jacobson wird nicht extra eingegangen – hierzu gibt es umfassende Literatur und Kurse der Krankenkassen, Volkshochschulen usw.

Ganz besonders hervorheben möchte ich die **Prozess- und Embodimentfokussierte Psychologie (PEP)**, eine Weiterentwicklung der energetischen Psychotherapie durch Michael Bohne (2008, ...). Der Problemzustand wird durch Klopfen bestimmter, auch aus der Akupunktur bekannter, Punkte aktiviert (Vorstellung oder reale Konfrontation); gleichzeitig wird ein neutraler oder positiver Zustand hervorgerufen. Es erfolgt eine Desensibilisierung gegenüber belastenden emotionalen Situationen, die mit neuen Zielvorstellungen überschrieben werden. Das führt zu einer Förderung der Selbstakzeptanz und Verankerung positiver Gedanken, Vorstellungen und Handlungspläne.

PEP schafft eine nachhaltige Veränderung über die Verbindung von psychischem Erleben und dem Körper. Diese unkompliziert erlernbare Technik bringt umgehend Erfolge und kann in Verbindung mit einer Übung zur Selbstakzeptanz eine wichtige Hilfe sein, wenn Belastung und Unzufriedenheit, Angst und Sorge im Vordergrund stehen.

Forschungen bei Tieren nach lebensbedrohlichem Stress (Levine, 2011) haben gezeigt, dass sie über **Schütteln und Zittern** den Stress reduzieren. Weitere Empfehlungen finden sich bei Henderson (2010) und Cross-Müller (2011): **Summen, Schlürfatmung, Gähnen, Lachen, Schwingen der Arme, Schultern fallen lassen.** Sehr hilfreich ist auch die tiefe Bauchatmung: maximal 6 Atemzüge pro Minute mit besonderer Betonung des Ausatmens.

Es kann auch erleichternd sein, wenn man kühles Wasser über die Arme laufen lässt: **Abwaschen der Stressoren** (Wasser ist das Symbol für Widerstandslosigkeit und Wandlung) oder aber die Faust ballt und schnell wieder loslässt. Symbolhaft wird hierbei Stress und Entspannung verarbeitet, ein körperlicher Reiz gesetzt, der psychisch auslenkt.

Eine weitere sehr gute Übung ist die **Lichtdusche** in Anlehnung an die Lichtstromtechnik aus dem Vipassana Yoga: Stellen Sie sich in den Raum und denken Sie sich, dass ein breiter Lichtstrahl wie eine Dusche von oben langsam auf Ihren Körper herabstrahlt und all das abwäscht, was an Negativem über den Tag hinweg an Ihnen haften blieb.

Diese Übung hat eine deutliche Übereinstimmung mit dem **Körperscan,** der eher im Liegen ausgeführt wird. In völliger Konzentration auf den Körper wird dieser langsam von oben nach unten bewusst wahrgenommen, ohne zu werten oder an einzelnen Teilen des Körpers hängen zu bleiben. Natürlich braucht es für beide Übungen keine spirituelle Voraussetzung.

Dem buddhistischen Mönch Thich Nhat Hanh verdanken wir zwei Übungen zum Innehalten:
Vertrag mit der Treppe: mit einer Treppe, die täglich mehrmals gegangen wird, kann man einen „Vertrag" in dem Sinne schließen, dass man jede Stufe in besonderer Achtsamkeit geht, ganz langsam, ganz im Hier und Jetzt – eine meditative Übung des Innehaltens.
Glocke der Achtsamkeit: jedes Klingeln (z.B. Telefon) wird nicht sofort zum Anlass genommen, erreichbar zu sein, sondern das Klingeln wird als Signal genutzt, um inne zu halten, tief durchzuatmen, die innere Mitte aufzusuchen. Erst dann wird reagiert. Ähnlich lässt sich die Achtsamkeitsübung mit dem Ein- oder Ausschaltgeräusch des Computers verbinden, Glockengeläut der Kirche, oder anderen immer wiederkehrenden Geräuschen. Entscheidend ist der innere Muezzin, der zur Besinnung auf sich selbst ruft.

Meditation ist nicht die Nulllinie im Kopf, sondern die Aufmerksamkeit auf das, was gerade im Kopf vor sich geht. Es ist die Erforschung des Geistes durch den Geist, die Beobachtung der immer wiederkehrenden Denk- und Wahrnehmungsgewohnheiten. Mit sanfter, ungerichteter Aufmerksamkeit werden die eigenen Gedanken interesselos beobachtet.

Das neuronale Geschwätz wird mit einem inneren Abstand angeschaut, aber ohne daran haften zu bleiben. Man lässt die Gedanken laufen und beobachtet sie, wie einer dem anderen folgt. Mit einem inneren Abstand lassen sich die Gedanken auch „etikettieren": Aha, das geht also gerade in meinem Kopf vor sich, ... Ach ja, jetzt also dieser Gedanke ...
In Achtsamkeit wird beobachtet, aber nicht bewertet oder analysiert. Der innere Zustand wird angeschaut ohne ihn ändern zu wollen oder gegen ihn anzukämpfen.

„Was immer an Erfahrung Sie auch machen, solange Sie sich der Vorgänge bewusst und gewahr sind, ist es Meditation", schreibt Yongei Mingyur Rinpoche (2007). Es geht um das Bewusstwerden der inneren und äußeren Erfahrungen, ein sanftes, ganz ruhiges Gewahrsein. So kann jedes Warten vor einer Ampel, vor der Kasse im Supermarkt, bei Arztbesuchen oder Behördengängen ... die Möglichkeit für eine innere Auszeit bedeuten. Für diese Achtsamkeit kann auch eine innere Formel hilfreich sein, wie z. B. von Thich Nhat Hanh empfohlen: „Ich atme eine und entspanne meinen Körper. Ich atme aus und lächle." Das Loslassen ist z.b. in folgender Formel enthalten: „Ich bin ganz ruhig und ganz gelassen" – dabei liegt die Konzentration auf dem Atem.

Entscheidend ist nicht unbedingt die Länge des Innehaltens. Gerade wenn man auf diesem Weg seine ersten Erfahrungen macht, könnte nämlich ein innerer Druck für ein Gelingen entstehen – also: „Aha, da setze ich mich ja schon wieder unter Druck!" Wer diesen Weg geht, wird – ganz langsam – eine innere Einstellung der Akzeptanz finden; es fällt dann leichter, zu dem ja zu sagen, was in uns und um uns herum geschieht. Denn die Alternative besteht meist nicht in Kampf, Flucht oder Erstarrung (fight, flight or freeze), sondern in einer inneren Einstellung, die es uns ermöglicht, uns selbst und manche äußeren Ereignisse anzunehmen wie sie sind, sich zu ergeben (surrender). Wer gegen eine Geschichte ankämpft wird Teil dieser Geschichte. Wer loslassen kann wird jenseits aller Veränderungsbestrebungen Ruhe finden und im Fluss des Lebens bleiben.

Achtsamkeit im Alltag ist Ausdruck des ewigen Anfängers. Wer Achtsamkeit vertiefen möchte, kann entsprechende Adressen unter www.mbsr-verband.de (Mindfullness Based Stress Reduction = Achtsamkeitsbasierte Stressreduktion) finden. Es ist eine Methode, die auf Jon Kabat Zinn zurückgeht (z.B. Kabat-Zinn, 2010). Hierzu gibt es auch sehr gute CDs mit geführten Meditationen.

Achtsamkeitsübungen sind besonders wesentliche Hilfen bei Schmerzen, da über regelmäßige Meditation sowohl der Mandelkern (Sitz der Angst) schrumpft als auch das Schmerzempfinden weniger stark wird.

Den langwierigen Weg auf der Suche nach Hilfe von einer somatischen zu einer psychologisch-meditativen Lösung beschreibt Tim Parks in seinem Buch über seine eignen Erfahrungen mit chronischen Schmerzen: „Die Kunst still zu sitzen – Ein Skeptiker auf der Suche nach Gesundheit und Heilung" (2010). Seine Botschaft: Objektives Beobachten des Schmerzes ohne Konzentration auf ein mögliches Ergebnis, ohne Einmischung, ohne zu reagieren, ohne die Schmerzen wegbekommen zu wollen. Stilles Gewahrsein der eigenen Aufmerksamkeit und der dahinziehenden Gedanken.

Ist dies schwierig, ist der Anspruch, den eigenen Versuchen gerecht zu werden, zu hoch, hilft ein „schade, dass ich so mit mir umgehe ...."; oder: „schade, dass die Dinge so laufen und ich denke, dass ich sie nicht beeinflussen kann ...". Denn die Trauer über das Unvermeidliche setzt Kräfte frei, die vorher an das innere Aufbegehren gebunden waren.

Man kann Emotionen nicht betäuben. Nur die Akzeptanz psychischer Regungen führt zu innerem Frieden. „Wer seine Emotionen unter Kontrolle bringen will, läuft Gefahr, sie zu verstärken" (André, 2012).

Abschließend noch eine Empfehlung für ein Turbo-Power-Nap: **Inemuri**, die japanische Form des Nickerchens. Inemuri bedeutet in der Übersetzung: anwesend sein und schlafen. Wichtiges wird sofort registriert, aber die Aufmerksamkeit ist eingeschränkt. Die Übung sieht so aus: Sie sitzen in einem Stuhl oder Sessel mit Armlehne, ein Schlüsselbund in einer Hand, die Tiefenentspannung wird „zugelassen". Im Moment der totalen Entspannung fällt der Schlüsselbund auf den Boden und Sie werden wach. Erholung ist nicht von der Länge der Entspannung abhängig.

Depression ist die Belohnung fürs
Bravsein.
Marshall B. Rosenberg

Wenn du depressiv bist, lebst du in der
Vergangenheit, wenn du Angst hast lebst
du in der Zukunft. Wenn du inneren
Frieden erlebst, dann bist du in der Gegenwart.
Laotse

Letztlich ist Glück eine Frage des Wählens zwischen dem Unbehagen, sich seiner geistigen Nöte bewusst zu werden, und dem Unbehagen, von ihnen beherrscht zu werden.
Yongey Mingyur Rinpoche

Angst, Traurigkeit und Wut

Unsere inneren Einstellungen bestimmen unsere Sicht auf die Erlebnisse. Nicht das aktuelle Erleben ist entscheidend sondern die Reste der Vergangenheit. Im Sinne unserer Lebensmuster bleiben wir uns treu und befinden uns gefühlsmäßig immer noch unter der „Dunstglocke" der Atmosphäre, in der wir aufgewachsen sind. Unser Lebensgefühl und die Art, wie wir in die Zukunft schauen, sind durch unsere positiven oder negativen Beziehungserfahrungen geprägt. Alle Begegnungen haben uns konditioniert und die Gedanken sind nur eine Interpretation der subjektiven Realität. Wir erzeugen Wirklichkeiten durch innere Einstellungen.

Das Ziel für eine Veränderung ist ein **realistischer Optimismus**: realistisch für die aktuelle Situation und optimistisch, was die Änderungsmöglichkeiten für Strukturen und Menschen betrifft. Dabei schafft zu viel Nachdenken eher Probleme. Schreiben ist da schon besser, denn damit begeben wir uns in eine Beobachterposition den eigenen Gedanken gegenüber und haben so Abstand.

„Alles Leid lässt sich ertragen, wenn man es in eine Geschichte verpackt oder eine Geschichte darüber erzählt" schreibt Tania Blixen. Das **autobiographische Erzählen** schafft einen Orientierungsrahmen, besonders für belastende Lebensbereiche. Es stiftet Sinn und heilt Wunden, weil es problematische Erfahrungen integriert. „Denken verwirrt die Gedanken, aber Erzählen klärt sie" (Luigi Malerba). Die psychologische Forschung bestätigt diese Vorgehensweise: wer artikuliert, denkt klarer und löst Probleme besser. „Ich schreibe, um herauszufinden, was ich denke", notiert Susan Sontag in ihren Tagebüchern.

Sehr hilfreich ist das **Glückstagebuch**. Wie ein Brevier der feinen Damen früherer Jahrhunderte, kann ein solches Tagebuch ein wichtiger Begleiter sein. Doch es wird nicht aufgeschrieben, wie der Tag verlief, sondern es werden positive Gedanken notiert, erfolgreiches Handeln, Begegnungen oder interessante Zitate; vielleicht auch Zeichnungen oder Fotos. Das Glückstagebuch kann immer wieder in die Hand genommen werden und begleitet einen Prozess der Weiterentwicklung, der im Zurückblättern aktiv und stimmungsaufhellend verfolgt werden kann. „Nachdenken, Niederschreiben, Nicht alleine bleiben damit," (Jaggi, 2008).

Auf Depressionsstationen mancher Kliniken werden auch sog. **Aktivitätsbögen/Verstärkerfragebögen** (z.B. Schaub et al., 2006) mit einigen hundert Vorschlägen für eine freudvolle Aktivität verwendet. Gerade wenn sich die Stimmung verdunkelt, fehlt manchmal eine Idee für eine positive Handlung. Diese Bögen können dabei helfen, auf neue Ideen zu kommen und wieder aktiv zu werden.

Aus den alten Mustern heraus neigen wir zu Generalisierungen, zu „alles"/„ immer"/„nie". **Unterschiedserfahrung** ist hier das passende Gegenmittel: wann ist es mehr so, wann weniger? Wenn ich weiß, in welchen Situationen es mir besser geht, dann kann ich diese Situationen auch aktiv herbeiführen. Auch deswegen ist ein hohes Maß an Achtsamkeit wichtig, es unterstützt die Erforschung der Unterschiede in unseren Wahrnehmungs- und Denkgewohnheiten.

. In welchen Situationen fühlen Sie sich hilflos, hoffnungslos oder wertlos?
. Wodurch wird dieses Gefühl ausgelöst?
. Was hindert Sie daran, glücklich zu sein?

Eine Stimmungsaufhellung kann auch durch die **Beschäftigung mit gelingenden Lebensläufen** erreicht werden; wenn z.B. Filme geschaut werden, die Mut für einen Aufbruch machen, oder wenn Bücher von Personen gelesen werden, die sich für einen besseren Lebensentwurf motivieren konnten und beharrlich ihr Ziel verfolgten. Wesentlich bleibt die Selbstaktivierung, um sich nicht von den misslichen Lebensumständen niederdrücken zu lassen. Das Leben ist nun einmal eine Abfolge von Abschieden, vorhersehbaren und plötzlichen. „Traurigkeit war ein Zeichen dafür, dass man das Leben nicht gut verstanden hatte", schreibt der Psychiater und Schriftsteller Francois Lelord in seinem Buch „Hector und die Entdeckung der Zeit".

Die **Beobachtung des Sonnenaufgangs** hat sich bei Depressionen als therapeutisch besonders wirksam erwiesen. Neben der Notwendigkeit dafür aufzustehen und das depressive Verweilen im Bett abzukürzen, hat das auch mit der psychologisch aufhellenden Wirkung zu tun: aus der Dunkelheit wird wieder Licht.

Singen vermindert nicht nur die Konzentration des Stresshormons Cortisol sondern vertieft den Atem und verbessert die Haltung. Auch Ängste und Schmerzen können darüber vermindert werden.

Hilfreich kann das **Visualisieren eines Schutzschilds** sein, dass sie weniger verletzlich macht; vielleicht gepaart mit einer inneren Formel, in der ihre eigene Kraft in den Vordergrund gestellt wird.

Sehr hilfreich ist auch ein **soziales Engagement**. Es relativiert den eigenen Schmerz und öffnet das Herz.

Das Aggressionssystem in uns ist ein „Alarm- und Hilfesystem im Dienste der Sicherung oder Wiedererlangung von Bindungen" (Bauer, 2013). Soziale Ausgrenzung, Zurückweisung oder Demütigung aktiviert das Schmerzzentrum im Gehirn - genauso wie bei körperlichen Schmerzen. Die Aufmerksamkeit sollte besonders auf dem Gewaltaspekt in der Sprache liegen. „Gewalt entsteht von dem Glauben, dass andere Menschen unseren Schmerz verursachen und dafür Strafe verdienen", so M. B. Rosenberg (2007), der die **gewaltfreie Kommunikation** mit den folgenden vier Komponenten entwickelte: die Beobachtung der Situation, die dadurch ausgelösten Gefühle, die eigenen Bedürfnisse und die Bitte - damit sich Aggressionen nicht wechselseitig weiter hochschaukeln.

Unter dem Begriff **Tonglen** (Chödrön, 2001) verstehen wir eine Übung zum Mitgefühl - mit uns selbst, den uns nahe stehenden Personen und danach den weiter entfernten Menschen. Es gilt, sein eigener bester Freund zu sein. Erst die Selbstakzeptanz (vgl. den Selbstakzeptanzpunkt in der Prozess- und embodimentfokussierten Psychologie nach Bohne, 2012) ermöglicht uns eine Hinwendung zu anderen. Tonglen ist somit auch eine Methode der mentalen Entgiftung bei Enttäuschung und Wut, Problemen in Partnerschaft und Familie, bei Schmerz, Sucht und Krankheit.

„Die Vergebung ist keine Vertuschung der Vergangenheit sondern eine Investition in die Zukunft" (André, 2012). Vergebung ist die Trennung von Taten und Menschen, sie ist Voraussetzung von Versöhnung, auch wenn es nicht immer zur Versöhnung kommen kann. Aber es ist notwendig, um den Kreislauf der Gewalt zu durchbrechen.

Man erreicht das Ende, so oder so, als
Pfeil oder als Treibgut.
Philip Roth

Lasse dich nicht durch die Wucht der
Eindrücke überwältigen. Sage: ‚Eindruck,
halte einen Augenblick ein. Ich will mir
ansehen, was du bist und was du darstellst.
Epiktet

Sorgen, Grübeln, Zwänge

Täglich denken wir etwa 60.000 Gedanken. 95 % sind die gleichen wie am Vortag, obwohl wir wissen, dass das Denken kaum Veränderung bringt, eher dazu führt, dass alles zerdacht wird und ein bleiches Gedankenskelett statt einer lebendigen neuen Erfahrung daraus resultiert. Der Versuch, die inneren Vorgänge durch Grübeln unter Kontrolle zu bringen misslingt meist, denn „je mehr man versucht, negative Gedanken aus dem Kopf zu bekommen, desto stärker werden sie" (Baer, 2007).

Wie kann man besser mit dem Gedankenschwarm umgehen? Hierfür gibt es sehr unterschiedliche Möglichkeiten:

Schreiben:
alles akribisch bis ins Kleinste aufschreiben. Das worst-case-Szenario zu Ende denken und genau notieren.

Überschreiben:
Auslenken der Gedanken über ein neutrales Thema. Hierfür hat sich besonders gut bewährt, ein längeres Gedicht zu lernen und immer wieder konzentriert zu wiederholen. Oder eine „sinnlose" Aufzählung einer bestimmten Abfolge - die Fokussierung auf ein einfaches, neutrales, konkretes Thema, das mit der aktuellen Belastungssituation nichts zu tun hat.

Es geht um ein „Überschreiben" der aktuellen Gedanken, ähnlich wie ein lästiges Ohrgeräusch auch nicht weggezaubert werden kann. Aber es lässt sich eine Melodie darüber legen, so dass das Geräusch in den Hintergrund tritt. Oder der beängstigend laut empfundene Herzschlag wird als Metronom für ein Lied genommen, das dazu gesummt wird. Es geht nicht darum, etwas auszulöschen sondern zu integrieren und positiv zu überschreiben.

Aber manchmal braucht es einfach einen **Gedankenstopp**: z.B. mit der rechten Hand eine sanft schiebende Bewegung nach links machen, begleitet von dem Satz: „Ich entlasse es in die Vergangenheit!"

Der Gedanken-Stopp kann auch über eine irritierende körperliche Erfahrung erreicht werden: z.B. ein Biss auf eine Chilischote, etwas Wasabi-Pulver oder einen Kältereiz über ein Coldpack, Zwicken des Handrückens.

Stopp-Technik mit dem Gummiband: ein übliches Gummiband ums Handgelenk legen, ziehen und zurückschnappen lassen. Im Moment des körperlichen Reizes „Stopp" denken, wenn möglich sogar laut sprechen und auf jeden Fall auch visualisieren, z.B. als Stoppschild an der Straße oder als Leuchtreklame. Je mehr Sinne beteiligt sind, desto effektiver ist diese Methode. Der kleine körperliche Schmerz ist besonders entscheidend für die Auslenkung der Gedanken.

Die Idee hinter diesen Vorgehensweisen ist, Schlimmes nicht zu zerdenken, denn „dadurch, dass du Rattengift schluckst, bringst du die Ratte nicht um" (Pema Chödrön).

Grübelstuhl: ein Stuhl in der Wohnung wird als Grübelstuhl definiert. Auf ihm wird täglich zu einer bestimmten Uhrzeit gegrübelt, z.B. 18.40 – 19 Uhr. Aber nur auf diesem Stuhl und nur zu der festgelegten Zeit. In der übrigen Zeit erinnert man sich an die selbst festgelegten Regeln, die für das Grübeln den Ort und die Zeit genau festgelegt haben.

Im Sinne dieser Hilfen ist ganz klar: die Sorgen werden dadurch begrenzt, dass sie einen genau festgelegten örtlichen und zeitlichen Rahmen bekommen. Es wird jedoch nicht versucht, sie in ihrer Stärke zu beeinflussen. Auch hier gilt, dass die Gedanken in ihrem Kommen und Gehen angeschaut werden aber nicht gegen sie angekämpft wird.

In den Geschichten von Tausendundeine Nacht begegnen wir Sindbad dem Seefahrer. Er rettet sich vom zerstörten Schiff an Land, wo ihn ein Greis bittet, ihn ein Stück weit zu tragen. Als Sindbad diesen Scheich des Meeres auf die Schultern nimmt, schlingt er die Beine um den Hals und steigt nicht mehr runter. Sindbad betäubt ihn später mit Wein und erschlägt ihn. In dieser Geschichte finden sich Parallelen zu den sog. Aufhockern: das sind koboldartige Druckgeister, die Wanderern auf die Schultern springen und mit jedem Schritt schwerer werden.

Das Gedankenkreisen wird ja meist als zu sich selbst gehörig erlebt. Die Forderungen einer dabei beteiligten inneren Gewissensinstanz sind der Niederschlag früher Beziehungserfahrungen. Darum kann es hilfreich sein, die negativen Gedanken der Aufpasser, Negativisten und Befehlsgeber zu externalisieren: **der innere Widersacher** wird als kleines Männchen/kleine Hexe oder ähnliches personifiziert und auf die Schulter gesetzt, worauf ein Dialog besser möglich ist als mit einer inneren Stimme. Dieser Kobold verbalisiert nun alle negativen Gedanken, und es wird versucht, mit ihm in ein Gespräch darüber zu kommen, was er denn befehlen oder verbieten will, wie er gerade auf diese Idee kommt usw.

Eine andere Möglichkeit ist, die eigenen negativen Erinnerungen und Gedanken an einem **sicheren Ort** zu hinterlegen (z.B. auch aufgeschrieben und in einem verschlossenen Umschlag einer Vertrauensperson zu Aufbewahrung zu übergeben) oder aber in einem virtuellen Tresor innerlich einzuschließen.

> Gehe nicht dahin, wo der Weg Dich hinführt. Gehe dorthin, wo kein Weg ist, und hinterlasse eine Spur.
> Ralph Waldo Emerson
>
> Nicht weil es schwer ist, wagen wir es nicht, sondern weil wir es nicht wagen, ist es schwer.
> Seneca

Probleme und Entscheidungen

Statt uns auf Lösungen zu konzentrieren bleiben wir meist im Kreislauf der Sorgen stecken, in der Problemtrance. Dabei ist es nicht nötig, alles neu zu ordnen und mit großem Kraftaufwand Veränderungen zu bewirken. Wie bei einem Fluss, auf dem Baumstämme herunter treiben, müssen, wenn sich einige verhakt haben, nicht alle neu geordnet werden, sondern die Kunst liegt darin, mit einem wohlüberlegten Kniff, einen Hebel anzusetzen und die Kraft einiger Stämme zu nutzen, damit alles weiter treiben kann. Dabei kann folgendes helfen:

Wenn wir ein klares Ziel vor Augen haben, so sollten wir uns auf das **Zielfoto** konzentrieren. Dies gilt es mit möglichst vielen Sinnen zu begleiten. Wir riechen, schmecken, fühlen, hören und sehen die Situation, die wir erreichen wollen - unterstützt von einer inneren Formel, die persönlich, aktiv, kurz, rhythmisch und positiv ist (Vilmar, 2008).

Doch nicht alle Ziele sind erreichbar. Begrenztheiten müssen anerkannt werden, die in uns selbst oder bei den anderen liegen. Hier heißt es loslassen und im Fluss des Lebens zu bleiben. Es ist eine immer wieder notwendige Aufgabe im Leben, sich mit dem anzufreunden, was man nicht verändern kann – auch mit Untiefen und Strudeln in der eigenen Persönlichkeit.

Hilfreich kann eine **Expertenbefragung** sein: Freunde und Bekannte, die uns gut kennen, werden um Hilfe gebeten:

. Wie erlebst Du mich?
. Wie habe ich mich in der letzten Zeit verändert?
. Was löse ich in Dir aus?
. An welchem Platz des Lebens erlebst Du mich am passendsten?

Eine gute Möglichkeit für die Weiterentwicklung ist auch die **innere Expertenrunde**, das innere Team: wir suchen uns Personen, von denen wir uns eine Hilfe vorstellen können, und laden sie zu einem virtuellen Expertenhearing ein. Das können reale Personen sein, die wir kennen, oder auch Personen aus Filmen oder Romanfiguren. Die Zusammensetzung kann so kunterbunt sein wie sie in keiner Talkshow denkbar wäre. Wir schildern diesen Helfern unsere Thematik und lassen sie aus Ihrer Sicht dazu Stellung nehmen.

Für manche Probleme ist es sehr sinnvoll, Orte zu meiden, an denen wir Gefahr laufen, uns selbst zu verlieren oder Menschen zu begegnen, die für uns nicht förderlich sind und uns zu alten Mechanismen verführen – ob es ums Rauchen, Trinken oder andere Süchte geht, um unliebsame Verhaltensweisen oder darum, dass wir sinnlos Zeit versiegen lassen. Auch hier ist es also wichtig, einen Rahmen zu setzen und zu klären, was hineingehört und was aus dem Rahmen fällt.

Hilfreich sind alle Menschen, die nicht nur beziehungswillig sondern auch beziehungsfähig sind und keinen Puffer zwischen sich und andere schieben (Suchtmittel, ständige Spannung schaffende Aktivitäten etc.), die bereit sind für Beziehungsarbeit, für eine Reflexion des eigenen Tuns und Handelns und die Auswirkungen auf andere. Von ihnen können wir wertvolle Anstöße und ein hilfreiches Feedback erwarten.

Als ganz wesentlicher Ausdruck von Freundschaft erscheint mir der Möglichkeitsraum, die eigene „Neurose" zur Diskussion stellen zu können. Wer jedoch seine Ecken und Kanten hinter einer Fassade verbergen möchte, wird kein passender Gesprächspartner für eine offene Weiterentwicklung sein können.

Förderlich für eine Veränderung kann auch die Frage sein, warum alles nicht noch viel schlimmer ist. Im Sinne der **Umkehrtechnik** formuliert:
Was muss ich tun, damit alles noch schlimmer wird?
In der Umkehr der Umkehr liegt die selbst geschaffene Lösung.

Kaum eine notwendige Entscheidung hat als Lösung ein Entweder – Oder. Es sollte stets unser Bemühen sein, die Optionen zu erweitern, denn meist ist es nicht A oder B sondern C oder D oder...
„Wer A sagt, der muss nicht B sagen. Er kann auch erkennen, dass A falsch war" (B. Brecht).
Jede Entscheidung sollte nicht in eine Sackgasse münden, sondern mehr Optionen eröffnen, damit eine kontinuierliche Weiterentwicklung möglich ist.

Wenn eine Entscheidung getroffen werden muss, kann uns das **Tetralemma** weiterhelfen. Es ist ein Verfahren, das Varga von Kibéd (2009) entwickelt hat und aus der Aufstellungsarbeit kommt. Wir legen vier große Papierblätter auf den Boden, die wir mit den vier (tetra) Möglichkeiten beschriften.

Nehmen wir das Beispiel einer Entscheidung, ob der Lebensmittelpunkt nach Hamburg oder München verlegt werden soll. Dann steht auf einem Blatt „Hamburg", auf dem anderen steht „München", auf dem dritten steht „Hamburg und München", auf dem vierten steht „weder Hamburg noch München". Dann stellt man sich nacheinander auf diese Blätter, jeweils mehrere Minuten, und konzentriert sich voll und ganz nur auf diejenige Möglichkeit, die auf dem Papier aufgeschrieben wurde, spürt in die Situation hinein, achtet auf sein Bauchgefühl, seine Ideen und Phantasien dazu. So ergibt sich nach einem Durchlauf ein meist sicheres Gefühl dafür, welche Lösung dem Inneren am besten entspricht. Unser Bauchgefühl ist der bessere Garant für eine richtige Entscheidung als langes Nachdenken. Diese Verlässlichkeit lässt sich auch trainieren, wie es z.b. Maja Storch (2011) im Zürcher Ressourcen Programm vermittelt.

Hilfreich bei Entscheidungen kann auch die folgende Übung sein, die Gerd Gigerenzer empfiehlt: **eine Münze werfen**. Im Moment des freien Falls der Münze spüren Sie, was nicht kommen soll. Sie brauchen sich dann das Ergebnis nicht mehr anzuschauen. „Scheitern ist sehr viel besser als zögern. Wir leben nun einmal, und wer keine Risiken eingeht, lebt sein Leben gar nicht, " sagt Gerd Gigerenzer (2013).

Wenn wir Probleme im Sinne von Ben Furman (2005) als Fähigkeiten definieren, die noch nicht erworben wurden, dann ergibt sich daraus folgerichtig, dass es meist darum geht, Fähigkeiten zu entwickeln, damit die aktuelle Hürde im Leben gut genommen werden kann.

Manche Hürden ähneln alten, die bereits erfolgreich überwunden wurden. Dazu wieder einige anregende Fragen:

. Vor welcher aktuellen Hürde stehe ich?
. Stand ich schon einmal vor einer ähnlichen Hürde?
. Wie habe ich sie damals gemeistert?
. Welche der Kräfte von damals kann ich heute nutzen?
. Was war damals anders?
. Welche der damals positiven Umstände kann ich jetzt selbst aktiv herbeiführen?
. Wer oder was hat mir damals geholfen?
. Wie haben das andere in einer ähnlichen Situation gemacht?

Weitere Tipps zu Helfern und Ressourcen, zu Affirmationen, Visualisierungen und Verstärkern finden Sie im Mental-Coach (Vilmar, 2008).

Anstehende Veränderungen sind eng gekoppelt mit einer Veränderung der inneren Aktivität und inneren Haltung. Es geht um einen Prozess, der durchaus lange dauern kann - ein innerer Jakobsweg, mit manchmal langen, schweren Wegstrecken, mit Müdigkeit und Enttäuschung; aber auch mit vielen schönen Eindrücken, Begegnungen und Erfahrungen - ein Lebensweg.

Entscheidend ist stets, an die Hürde/an die Thematik heranzugehen. Dies ist das Gegenteil von Vermeidung. Die Kopf-in-den-Sand-Technik fördert weder die Entwicklung passender Fähigkeiten noch das Selbstwertgefühl. Loslassen, aber nicht untätig sein – das ist die heilsame Devise! Und die Begrenztheiten annehmen, sich nicht als Opfer eines unbegreiflichen Daseins fühlen, sondern aktiv bleiben und den Zufälligkeiten der eigenen Lebensgeschichte einen Sinn geben. Die Fähigkeit Ambivalenzen aushalten zu können und der Humor sind die deutlichsten Zeichen einer erfolgreichen, erwachsenen Weltsicht.

Zwischenmenschliche Beziehungen sind
„mit Abstand" die besten.
Gerhard Uhlenbruck

Jeder von beiden kannte ziemlich genau
das Bild der eigenen Persönlichkeit im
anderen, doch niemals den anderen
selbst.
Jonathan Safran Foer

Gelingende Beziehungen gestalten

Nach den existenziellen Notwendigkeiten sind Akzeptanz, Zugehörigkeit und Bindung die wesentlichsten Bedürfnisse der Menschen. So sehr wir uns auch wünschen, ohne viele Worte verstanden zu werden, müssen wir doch beständig kommunizieren. Die Mitteilung unserer Gedanken über uns selbst und über die Welt, wie wir sie erleben und gerne hätten, das ist notwendige Beziehungsarbeit. Denn die wesentlichsten Beziehungskiller sind die unausgesprochenen Erwartungen (Vilmar, 2009).

Eine gute Möglichkeit für den Austausch und ein intensiveres Kennenlernen (für Paare, aber auch für alle anderen) sind die **Zwiegespräche** im Sinne von M.L. Moeller (2006). Dabei geht es ganz besonders darum, die Andersartigkeit des Gegenübers zu akzeptieren – so schwer es manchmal fällt.

Auch wenn ganz unterschiedliche Menschen zusammenfinden, so entstehen Beziehungen hauptsächlich deshalb, weil es ein gemeinsames Thema gibt, für das eine Lösung gefunden werden möchte. Darum sollten die Gemeinsamkeiten gestärkt, das Trennende vernachlässigt werden.
Aber: ‚Für mich' bedeutet nicht ‚gegen Dich'!

In der Beziehung geht es nicht nur um die Sicht auf den jeweils anderen, sondern ganz besonders um eine gemein-

same Sicht auf die Beziehung als das Dritte und Wesentliche. Auch hier können Freunde helfen mit einer Antwort auf die Fragen:
. Wie seht Ihr uns als Paar?
. Was fühlt ihr, wenn Ihr uns gemeinsam erlebt?

Der Rahmen einer Beziehung will immer neu gemeinsam abgesteckt werden, z.B. im Sinne der **Stellenangebote** (Lazarus, 2000):
. Wie sieht das „Anforderungsprofil" an den anderen aus?
. Was kann ich als Partner geben?
Sinnvoll ist die Reflexion des kleinsten gemeinsamen Nenners, der besonders gestärkt werden sollte.

Leider haben manche Beziehungen einen malignen, infektiösen Strudel, der unablässig in Negativismus herabzieht. Dann muss ein zeitlicher Rahmen gesetzt werden, um ein Untergehen zu verhindern. Es gibt gelegentlich Menschen, die andere für die eigenen Bedürfnisse instrumentalisieren; man spricht auch von psychischer Kolonialisierung. Sie brauchen viel narzisstische Zufuhr, beuten ihr Gegenüber aus. Das ist eine Perversion von Beziehung, einseitig und nicht auf Gegenseitigkeit beruhend. In einem solchen Fall ist Abstand angesagt.

Gewalt fängt dort an, wo wir den anderen für die eigenen Gefühle verantwortlich machen. Oft ist er der Spiegel unserer eigenen Thematik. Partnerschaft ist kein Endlager für unliebsame eigene Anteile.

Die wahrscheinlich wichtigsten Fragen in allen privaten und beruflichen Beziehungen:
- Woran kann ich erkennen, dass Du ... ?
- Was soll ich mit dem machen, das Du mir gerade gesagt hast?

Es sind die Fragen, die jenseits der Worte nach den Handlungen und „Regieanweisungen" suchen, von denen auch abgelesen werden kann, wie ernst es der andere meint.

Man muss ins Gelingen verliebt sein,
nicht ins Scheitern.
Ernst Bloch

Nicht die Vergangenheit sondern die
Zukunft bestimmt die Gegenwart.
Paul Watzlawick

Persönliche Vorsätze

Ich zeige mich als ein konturiertes Gegenüber – auch mit meinen Unzulänglichkeiten, zu denen ich stehe.
Ich denke in Lösungen, nicht in Problemen.
Ich bin neugierig und frage: warum nicht?
Ich unterstelle bei anderen die gute Absicht.
Ich frage, statt Vermutungen anzustellen.
Ich formuliere meine Erwartungen an mein Gegenüber.
Ich sehe Probleme als mangelnde Fähigkeiten, die ich noch erwerben kann.
Ich nehme mir Zeit für die Beziehungsarbeit.

Ich orientiere mich an folgenden zentralen Fragen:

Was will ich erreichen?
Wie will ich das erreichen?
Ist die Lösung wirklich eine Lösung oder eher die Fortsetzung des Problems?
Welche eigenen Ressourcen stehen mir zur Verfügung?
Wie können andere zum Erreichen meines Ziels hilfreich sein?
Woran werde ich den Erfolg meiner Bemühungen erkennen können?

An welchen Handlungen kann ich bei meinem Gegenüber erkennen, dass er/sie es ernst meint?

Etwas ist immer, tröste Dich.
Jedes Glück hat einen kleinen Stich.
Wir möchten so viel: Haben. Sein.
Und Gelten.
Dass einer alles hat: das ist selten.
Kurt Tucholsky

Nachwort

Alles ist machbar? Wo ein Wille ist, ist ein Weg? Man muss nur positiv genug denken? Dieses Büchlein versucht Anregungen dafür zu geben, wie man mit manchen schwierigen Situationen besser umgehen kann und die Grenzen in einem selbst und in der Welt etwas weiter hinausschiebt. Aber die Grenzen müssen anerkannt werden. Alles andere wären leere Heilsversprechungen.

Wir haben so viele Wünsche und Ideen. Doch manchmal ist es nicht das Tun, das uns weiterbringt sondern der Zuwachs an Nachdenklichkeit und die Akzeptanz dessen was ist. Zwar sagt man, dass die Hoffnung zuletzt stirbt - aber: Hoffnung hält auf! Sie kann aufhalten, sich den Realitäten zu stellen und sie anzuerkennen; mit offenen Augen, demütig, vorurteilslos und absichtslos.

David Foster Wallace beschreibt dies in seiner unvergleichlichen Rede („Das hier ist Wasser", 2012) folgendermaßen:
„Die wirklich wichtige Freiheit erfordert Aufmerksamkeit und Offenheit und Disziplin und Mühe und die Empathie, andere Menschen wirklich ernst zu nehmen und Opfer für sie zu bringen, wieder und wieder, auf unendlich verschiedene Weisen, völlig unsexy, Tag für Tag.
Das ist Freiheit.
Das heißt es, Denken zu lernen.
Die Alternative ist die Gedankenlosigkeit, die Standardeinstellung, die Tretmühle – das ständige Nagen, etwas Unendliches gehabt und verloren zu haben."

Besonders das Konzept der Achtsamkeitsbasierten Stressreduktion (MBSR) spielt in den letzten Jahren auch in der Psychotherapie eine wichtige Rolle und ist als hilfreiche Methode wissenschaftlich anerkannt. Die neurobiologische Forschung bestätigt die positiven Effekte. Einige Empfehlungen in diesem Büchlein basieren auf der Auseinandersetzung mit dem Buddhismus und Aspekten der Achtsamkeit. Darum stelle ich ans Ende diejenigen buddhistischen Weisheiten, deren tiefem Wahrheitsgehalt und deren wegweisender Einfachheit ich mich in besonderer Weise verbunden fühle:

- Deine größten Kritiker sind deine besten Freunde.
- Dadurch, dass jemand in eine wertvolle Vase spuckt, wird die Vase nicht wertlos.
- Dadurch, dass man selbst Rattengift schluckt, wird man die Ratte nicht los.

- Kein Ich keine Probleme.
- Auf dem Pferd kein Reiter, unter dem Reiter kein Pferd.
- Ist der Schüler bereit, erscheint der Lehrer.

- Wir sind Gefangene des Bildes, das wir in anderen hervorrufen wollen.
- An guten Tagen geht es mir gut, an schlechten Tagen geht es mir auch gut.
- Die Zukunft ist dann wichtig, wenn sie Gegenwart ist.

- Das Leben haben wir nur für kurze Zeit dem Tod entliehen.
- Alter, Krankheit, Tod – na und?
- Heitere Hoffnungslosigkeit.

Literatur

André, Christophe (2012): Wie Psychologen sich selbst behandeln und was wir von ihnen lernen können. Kailesh/Random House
Aurel, Marc: Zu Dir selbst. MZ-Verlag, Regensburg 1990
Baer, Lee (2007): Der Kobold im Kopf. Die Zähmung der Zwangsgedanken. Huber, Bern
Basch, Michael (1992): Die Kunst der Psychotherapie. Pfeiffer, München
Bauer, Joachim (2004): Das Gedächtnis des Körpers. Piper, München
Bauer, Joachim (2013): Schmerzgrenze. Vom Ursprung alltäglicher und globaler Gewalt. Heyne, München
Bohne, Michael (2008): Feng Shui gegen das Gerümpel im Kopf. Blockaden lösen mit energetischer Psychologie. Rowohlt, Reinbek
Bohne, Michael (2010): Bitte klopfen. Anleitung zur emotionalen Selbsthilfe. Carl Auer, Heidelberg
Bohne, Michael (2013): Klopfen mit PEP: Prozess- und Embodimentfokussierte Psychologie in Therapie u. Coaching. Carl Auer, Heidelb.
Burisch, M. (2006): Das Burnout-Syndrom. Springer, Heidelberg
Chödrön, Pema(2002): Geh an die Orte, die du fürchtest. Buddhas Weg zu Furchtlosigkeit in schwierigen Zeiten. Arbor, Freiamt
Chödrön, Pema (2001): Tonglen. Der tibetische Weg, mit sich selbst und anderen Freundschaft zu schließen. Arbor, Freiamt
Croos-Müller, Claudia (2011): Kopf hoch – das kleine Überlebensbuch: Soforthilfe bei Stress, Ärger und anderen Durchhängern. Kösel, München
de Botton, Alain (2004): Trost der Philosophie. Fischer, Frankfurt
Fröhlich-Gildhoff, Klaus u. Maike Rönnau-Böse (2009): Resilienz. Reinhardt, München
Furman, Ben (2005): Ich schaffs! Spielerisch und praktisch Lösungen mit Kindern finden. Das 15-Schritte-Programm für Eltern, Erzieher und Therapeuten. Carl Auer, Heidelberg
Gigerenzer, Gerd (2013): Interview in der Süddeutschen Zeitung 13.7.2013
Hanson, Rick (2010): Das Gehirn eines Buddha: Die angewandte Neurowissenschaft von Glück, Liebe und Weisheit. Arbor, Freiburg
Henderson, Julie (2010): Embodying Well-Being. Wie man sich trotz allem wohl fühlen kann. AJZ-Verlag, Bielefeld
Hüther, Gerald (2004): Die Macht der inneren Bilder. Wie Visionen Gehirn, den Menschen und die Welt verändern. Vandenhoeck & Ruprecht, Göttingen
Jaggi, Ferdinand (2006): Burnout – praxisnah. Thieme, Stuttgart
Jones,Lina B. (2003:. Das kleine Handbuch der Traumabewältigung. Arbor, Freiamt
Kabat-Zinn, Jon (2010): Im Alltag Ruhe finden. Meditationen für ein gelassenes Leben. Fischer, Frankfurt

Lazarus, Arnold (2000): Fallstricke der Liebe. Vierundzwanzig Irrtümer über das Leben zu zweit. Dtv, München

Lazarus Arnold A. u. Clifford N. Lazarus (2006): Der kleine Taschentherapeut. In 60 Sekunden wieder o.k.; dtv, München

Levine, Peter A. (2011): Sprache ohne Worte. Wie unser Körper Trauma verarbeitet und uns in die innere Balance zurückführt. Kösel, München

Luborski, Lester (1988): Einführung in die analytische Psychotherapie. Springer, Heidelberg

Moeller, Michael Lukas (2006): Die Wahrheit beginnt zu zweit. Rowohlt, Reinbek

Moeller, Michael Lukas (2006): Die Liebe ist das Kind der Freiheit. Rowohlt, Reinbek

Parks, Tim (2010): Die Kunst still zu sitzen. Ein Skeptiker auf der Suche nach Gesundheit und Heilung. Kunstmann

Rosenberg, Marshall B. (2007): Gewaltfreie Kommunikation. Eine Sprache des Lebens. Junfermann, Paderborn

Schaub et al. (2006): Kognitiv-psychoedukative Therapie zur Bewältigung von Depressionen. Hogrefe, Göttingen

Seligmann (2002): Pessimisten küsst man nicht. Optimismus kann man lernen. Knaur, München

Seneca (2005): Vom glückseligen Leben und andere Schriften. Reclam, Stgt.

Siegel, Daniel (2007): Das achtsame Gehirn. Arbor, Freiamt

Sozialpsychologie Mannheim (Hrsg.): Iich, du, wir und die anderen. Spannendes aus der Sozialpsychologie.

Storch, Maja; Benita Cantieni, Gerald Hüther, Wolfgang Tschacher (2010): Embodiment. Die Wechselwirkung von Körper und Psyche verstehen und nutzen. Huber, Bern

Storch, Maja (2011): Das Geheimnis kluger Entscheidungen. Von Bauchgefühl und Körpersignalen. Piper, München

Tausch, Reinhard (2010): Hilfen bei Stress und Belastung. Was wir für unsere Gesundheit tun können. Rowohlt, Reinbek.

Vilmar, Gerhard (2008): Der Mental-Coach. BoD-Verlag, Norderstedt

Vilmar, Gerhard (2009): Der Paar-Coach. BoD-Verlag, Norderstedt

von Foerster, Heinz u. Bernhard Pörksen (2003): Wahrheit ist die Erfindung eines Lügners. Carl Auer, Heidelberg

von Kibéd, Varga und Insa Sparrer (2009): Ganz im Gegenteil: Tetralemmaarbeit und andere Grundformen systemischer Strukturaufstellungen – für Querdenker und solche, die es werden wollen. Carl-Auer-Verlag, Heidelberg

Wallace, David Foster (2012): Das hier ist Wasser. Kiepenheuer & Witsch, Köln

Watzlawick, Paul (1983) : Anleitung zum Unglücklichsein. dtv, München 1993

Yongei Mingyur Rinpoche (2007): Buddha und die Wissenschaft vom Glück. Goldmann, München

> Der Lösung ist es egal, wie das Problem entstanden ist.
> Steve De Shazer

Hilfen im Notfallkoffer

- 7 Entwicklungsspirale
- 11 der ewige Anfänger
- 12 Makro- und Mikromovements des Zürcher Ressourcenmodells
- 14 Lebensthema erforschen
- 15 beständige Anstöße
- 17 Kunst der Ignoranz und Entschleunigung
- 18 Mudras
- 18 Prozess- und Embodimentfokussierte Psychologie (PEP)
- 19 Schütteln, Zittern, Gähnen, Lachen, Schlürfatmung
- 19 Abwaschen der Stressoren, Lichtdusche und Körperscan
- 20 Vertrag mit der Treppe und Glocke der Achtsamkeit
- 20 Meditation
- 22 Achtsamkeitsübungen
- 22 Inemuri
- 24 autobiographisches Erzählen
- 24 Glückstagebuch
- 24 Aktivitätsbögen / Verstärkerbögen
- 25 Unterschiedserfahrung
- 25 Beschäftigung mit gelingenden Lebensläufen
- 25 Beobachtung des Sonnenaufgangs, Singen
- 25 Visualisieren eines Schutzschilds
- 26 soziales Engagement, Tonglen
- 26 gewaltfreie Kommunikation
- 27 Schreiben und Überschreiben
- 28 Stopp-Techniken
- 28 Grübelstuhl
- 29 der innere Widersacher/Kobold
- 29 der sichere Ort
- 30 Zielfoto
- 31 Expertenbefragung und innere Expertenrunde
- 32 Umkehrtechnik
- 32 Tetralemma
- 33 eine Münze werfen
- 35 Zwiegespräche
- 36 Stellenangebote
- 37 persönliche Vorsätze
- 40 Literatur

Hinweise

Aus Gründen der besseren Lesbarkeit verwende ich meist die männliche Form. Selbstverständlich sind stets beide Geschlechter gemeint.

Autor

Dr. Gerhard Vilmar – Facharzt, Dozent und Coach - berät zu Beziehungskompetenz, Teamentwicklung, Veränderungsprozessen, Personalführung und Konfliktlösung.

Dr. Gerhard Vilmar
www.gerhard-vilmar.de
post@gerhard-vilmar.de
Tel. 0049-8036-305381

Bisher erschienen vom Autor die folgenden Bücher:

_ Der Mental-Coach (2008)
_Der Paar-Coach (2009)
_Beziehungsschule – Schule u. Beziehungskompetenz(2011)
_Waldorfschule – Zwischen Wunsch und Wirklichkeit.
Eine organisationspsychologische Betrachtung (2012)

Der vollständige Erlös aus dem Verkauf aller Bücher des Autors geht an den gemeinnützigen Verein Sascha e.V., der Hilfsprojekte für Waisenkinder und mittellose Familien in Liberia, Kenia und Sri Lanka unterhält und unbegleitete jugendliche Flüchtlinge aus Kriegsgebieten unterstützt.

Näheres unter www.sascha-ev.de